Die schönsten Ostereier kunstvoll gestalten

DIE SCHÖNSTEN OSTEREIER
KUNSTVOLL GESTALTEN

Christophorus-Verlag · Freiburg i. Br.

Inhalt

Das Osterei im Mittelpunkt

Das Ei wurde schon immer als Symbol der Freundschaft und der Weisheit angesehen und spielte nicht nur bei der überlieferten Geschichte des Entdeckers von Amerika, dem Ei des Kolumbus, eine Rolle. Vielmehr können wir auf alten Gemälden führende Männer wie Philosophen und Ärzte sehen, die ein Ei zwischen Daumen und Zeigefinger halten.

Die Sitte des Eierfärbens als Symbol neu erwachenden Lebens ist uralt. Sie war bei vielen Völkern schon lange vor dem Christentum bekannt und wurde zu einem Volksbrauch, der wieder größere Bedeutung erlangt hat. Zur Zeit erlebt die Kleinkunst der Eierverzierung in Europa eine Renaissance, und an vielen Orten entstehen Ostermärkte, auf denen Künstler ihre Arbeiten vorstellen. Diese Entwicklung geht Hand in Hand mit der allgemeinen Beliebtheit solcher Veranstaltungen bei den Ostereier-Freunden und -Sammlern.
Durch das alljährliche Schenken und Erwerben kunstvoll verzierter Ostereier entstehen auch respektable Sammlungen in allen Variationen.

Die klassischen Ostereier in Unifarben kommen fast nur noch als hartgesottene Eier auf den Tisch oder werden mit Ostersüßigkeiten vom Osterhasen versteckt.
Der Hase seinerseits – er ist allerdings erst in der zweiten Hälfte des 19. Jahrhunderts zum Osterbrauchtum gestoßen – gilt als Sinnbild der Fruchtbarkeit.
Der beliebte Osterbaum wiederum, geschmückt mit prachtvollen Eiern, die an Zweigen hängen, wurde von uns aus dem schwedischen Brauchtum übernommen.

In diesem Band stellen 14 Künstlerinnen und Künstler ihre verschiedenen Techniken vor. Zum Malen und Zeichnen der jeweiligen Verzierung werden Acryl- oder Ölfarben, Tusche, Farb- oder Bleistifte verwendet. Dieser beliebtesten Oberflächen-Verzierungstechnik folgt die Eiergravur. Aus den vorher gefärbten Eiern werden dabei Sprüche, Ornamente, Blumen und Tiermotive herausgekratzt oder geätzt.
Eine weitere Variante sind mit feinem Garn umhäkelte Eier, wobei reizvolle Spitzenmuster entstehen. Auch der Scherenschnitt ist vertreten; hier klebt man mit der Schere ausgeschnittene, zarte Papiermotive auf das Ei. Ähnlich verhält es sich mit den Papier- oder Stoffcollagen und auch der fast vergessenen Holzspan-Technik, die enorme Fingerfertigkeit erfordert. Das sicher heikelste Unterfangen sind die perforierten Eier. Für dieses Handwerk werden meist kleine Bohrer, die auch elektrisch betrieben sind, eingesetzt.
Die Kunst der Eierverzierung ist mit den vorgestellten Beispielen jedoch bei weitem nicht ausgeschöpft. Die davon ausgehende Faszination wird Künstlerinnen und Künstler weiterhin dazu anspornen, immer neue Varianten hervorzubringen, um die Leidenschaft der Sammler wachzuhalten.

Das hier Gezeigte soll all denjenigen als Anregung dienen, die gerne etwas selbst machen und ihr Heim gerade zu Ostern individuell ausschmücken möchten oder ein selbst verziertes Ei als Symbol der Freundschaft verschenken wollen.

Erika Würz

Rund ums Ei

Vorarbeiten

Bevor man mit dem Schmücken der Eier beginnen kann, bedarf es einiger Vorplanungen und Handgriffe.

Auswahl

Prinzipiell kann man jede Art von Vogeleiern schmücken. Am einfachsten und billigsten zu erwerben sind jedoch Hühnereier. Ob man weiße oder braune Hühnereier verwendet, hängt von der Technik ab sowie davon, ob ein Osterei mit starkem Kontrast oder ein eher etwas gedecktes Ei entstehen soll. In aller Regel ist die Schale von braunen Eiern ebenmäßiger und stabiler.

Beim Durchblättern dieses Buches werden Sie rasch bemerken, daß hier viele unterschiedliche Eier verwendet worden sind. Vom einfachen Hühnerei bis hin zum Straußenei, vom schlichten Weiß, über zartes Grün bis zum wild Gesprenkelten reicht die Palette. Für den Anfang ist es sicherlich empfehlenswert, erst einmal mit dem Hühnerei zu üben. Beachten Sie bitte, daß die Eier von freilaufenden, natürlich gehaltenen und gefütterten Hühnern stammen. Die Schalen dieser Eier sind besonders fest und schön, zudem haben Hühnereier aus der Legebatterie den großen Nachteil, daß die Schale dünn und somit sehr zerbrechlich ist.

Betrachten Sie sich einmal die Eier von Junghennen. Sie sind noch relativ klein und meist oval (sie haben noch nicht die typische Eiform).

Auf größeren Märkten werden weitere Eiarten angeboten. Doch es ist nicht immer ganz einfach, jedes gewünschte Ei zu bekommen, etwas Zeit für die Suche sollte man schon haben. Die Mühe wird sich sicher lohnen.

Achten Sie vor dem Kauf auf eine schöne, ebenmäßige Oberfläche. Feine Rillen, kleine Kerben und auch Kalkerhebungen werden beim Färben sichtbar und stören das Gesamtbild. Eine unregelmäßig starke Oberfläche kann unter leichtem Druck brechen; auch diese Eier sollten nicht gekauft werden.

In der Abbildung sehen Sie einige verschiedene Eiarten

Reinigung

Jedes Ei muß zunächst in lauwarmem Wasser mit etwas Spülmittel gereinigt werden. Beim Säubern sollte man unbedingt vermeiden, auf der Schale zu schaben; verwenden Sie daher niemals Bürsten oder Reinigungsschwämme mit einer rauhen Seite. Die Borsten oder groben Fasern dringen schon bei leichtem Druck in die Kalkschicht ein. Beim Färben nehmen diese beschädigten Stellen die Naturfarbe nicht gleichmäßig oder überhaupt nicht an, und Kratzspuren werden sichtbar. Am besten legen Sie sich für diese Arbeit einen weichen Baumwollappen zurecht. Nach dem Reinigen dürfen die Eier nur noch mit sauberen Händen angefaßt werden, denn fettige Stellen nehmen keine Farbe an.

Ausblasen

Will man Ostereier an einen Zweig hängen, müssen die Eier natürlich zuvor ausgeblasen werden. Den Eiinhalt kann man auf verschiedene Arten entfernen.

Die einfachste Methode ist das Ausblasen mit dem Mund.
Zu diesem Zweck wird in jeden Eipol mit einem Eierpiekser oder einer starken Stecknadel (Schwesternnadel) ein kleines Loch gestochen. Danach nimmt man einen Kreuzschlitzschraubenzieher, setzt ihn jeweils an dem Loch an, und durch vorsichtiges Hin- und Herdrehen des Werkzeuges wird die Öffnung auf die gewünschte Größe erweitert.
Das Resultat sind schöne, kreisrunde Löcher. Anschließend rührt man den Eiinhalt mit einer dünnen Stricknadel auf, um das Entleeren zu erleichtern. Mit viel Puste wird das Ei ausgeblasen. Danach das Ei wieder mit Wasser füllen, schütteln und erneut ausblasen. Falls notwendig, muß diese Prozedur so oft wiederholt werden, bis das ausgeblasene Wasser klar ist. Eirückstände würden Ungeziefer anlocken. Abschließend läßt man das Ei gut trocknen. Für das Verzieren von Serien eignet sich diese Methode nicht, da sie sehr anstrengend und zeitraubend ist.
Etwas einfacher ist es schon, den Eiinhalt mit einem Klistierbällchen herauszudrücken. Dieses Gerät befindet sich vielleicht schon in Ihrem Haushalt. Es wird in Apotheken angeboten und ist preisgünstig.

Handhabung der Eier

Grundsätzlich kann man das Ei beim Bearbeiten in der Hand halten. Bei manchen Techniken, z.B. beim Färben, Malen und Zeichnen, soll jedoch ein Verwischen vermieden werden. Aus diesem Grund ist es besser, sich einiger Hilfsmittel zu bedienen: An einem Schaschlikstäbchen wird am oberen Drittel ein mehrfach umschlungenes Gummibändchen befestigt und das Ei aufgespießt. Ein Herabrutschen des Eis wird so verhindert. Soll das Ei ganz fest sitzen, fixiert man es mit einem Stückchen Radiergummi oder Korken, das auf die Spießspitze gesteckt wird. So ist das Ei eingeklemmt.
Zum Trocknen läßt sich der Spieß in einen abgedeckten Knetklumpen, einen erdgefüllten Blumentopf, ein schweres Gefäß oder ähnliches stellen.

Färben

Beim Färben bzw. Grundieren der Eier hat jeder Künstler seine eigenen Rezepte.
Grundsätzlich ist bei den Farben zwischen den natürlichen und den chemischen zu unterscheiden. Naturfarben ergeben wunderschöne Farben, hell oder satt, je nachdem wie lange sie im Farbbad gehalten wurden. Besonders bei kunstvoll gestalteten Eiern sind diese Farben zu bevorzugen, da sie sich harmonisch in das Gesamtbild eingliedern lassen. Zutaten der Naturfarben sind in Apotheken erhältlich.
Die chemischen Farben wirken oft sehr schrill und leuchtend und

sind für eine Kombination von Hintergrund und Motivelementen schwer in Einklang zu bringen.

Das Färben von ausgeblasenen Eiern ist nicht einfach, da sie auf der Oberfläche des Farbsudes schwimmen. Deshalb müssen sie beständig gleichmäßig gedreht werden, um ein optimales Ergebnis zu erzielen.

Und noch ein Tip:
Tragen Sie beim Färben Handschuhe und Schürze, da die Farbe nur schwer zu entfernen ist.

Nachbehandlung

Nach dem Schmücken des Ostereis soll das fertige Kunstwerk oftmals konserviert werden, damit es auch in einigen Jahren nichts von seiner Schönheit einbüßt.

Lackieren

Will man einen richtigen Schutzfilm auf das Ei geben, muß es lackiert werden. Am einfachsten wird dazu farbloser Sprühlack verwendet, matt oder glänzend (FCKW-frei!). Beim Vermalen von wasserlöslichen Farben sollte man zunächst an einem Probeei testen, ob die Farben beim Lackieren zerfließen. Ist dies der Fall, wird zunächst nur ein dünner Film gesprüht. Nach dem Trocknen wiederholt man diesen Vorgang mehrfach.

Man kann jedoch auch streichfähigen, farblosen Lack mit dem Pinsel auftragen, was allerdings mehr Zeit in Anspruch nimmt. Ein Probeei sollte auch hier gefertigt werden. Auf jeden Fall muß beim Lackieren für eine ausreichende Belüftung des Raumes gesorgt sein; besser noch wäre die Durchführung dieser Arbeiten im Freien.

Polieren

Wer nur etwas Glanz auf dem Osterei haben möchte, kann auf das Lackieren verzichten. Schmuckeier zum Hängen können mit ein wenig farblosem Schuhwachs aus der Dose oder mit etwas Fett eingerieben und mit einem weichen Lappen poliert werden. Die Eier bekommen dadurch einen seidenmatten Glanz. Für den Verzehr bestimmte, gekochte, bunte Ostereier sollten nur mit Fett, z.B. einer Speckschwarte, zum Glänzen gebracht werden.

Anbringen des Aufhängers

Nach vollbrachter Arbeit möchte man die Kunstwerke möglichst schnell an den Osterstrauß hängen. Dazu gibt es mehrere Möglichkeiten.

1. Um die Mitte eines ca. 2 cm langen, dünnen Zahnstocherstückchens werden die Schlaufenenden eines starken Nähfadens oder dünnen Stickgarns gebunden. Zur Sicherheit wird der Knoten mit einem Tröpfchen Klebstoff fixiert. Das Stöckchen wird in das obere Loch gesteckt. Beim Anheben der Schlaufe stellt sich der Zahnstocher im Inneren

des Eis quer und kann nicht mehr herausrutschen.

2. Die Schlaufe eines dünnen Bändchens wird mit einer feinen Häkelnadel von unten nach oben durch das gesamte Ei gezogen. Damit der Aufhänger nicht durchgleiten kann, bindet man unterhalb des Ostereis einen Knoten oder eine Schleife und direkt am oberen Loch einen Knoten.

3. Stickgarn wird verknotet und die Schlaufe duch eine genügend große Perle gezogen. Mit einer dünnen Häkelnadel oder einem Stückchen Draht mit Öse zieht man die Schlaufe von unten nach oben durch das Ei. Die Perle betätigt sich dabei auf der Eiunterseite als Bremse. Wer absolut kein Risiko eingehen will, verhindert mit einer aufgeklebten zweiten Perle über der oberen Öffnung, daß der Aufhänger herausgezogen wird.

Dekorationsmöglichkeiten

Ostereier beeindrucken nicht nur am Strauß, vielmehr gibt es noch zahlreiche andere Möglichkeiten, sie wirkungsvoll zu präsentieren. Ein Körbchen, ausgelegt mit Heu, oder eine schöne Schale, gefüllt mit Samen, bieten den kleinen Kunstwerken eine sichere Umgebung. Auf einem Tisch oder Schränkchen stellen sie einen wunderbaren Blickfang dar. Als Unterlagen für die Ostereier sind Raps (dunkelbraun), Sago (weiß), Leinsamen (mittelbraun), Hafer (gelblich), Reis (weißlich), Linsen (braun) usw. geeignet. Zu große Samen wirken unruhig, bei feineren besteht die Gefahr, daß sie in die Ausblaslöcher schlüpfen.

Wer aus Platzmangel auf einen großen Strauß verzichten muß, kann die Eier auf Schaschlikspießchen stecken, das Abrutschen duch bunte Bändchen unterhalb des Ostereis verhindern und das Stöckchenende mit einer aufgeklebten Perle verzieren. Diese Stabeier lassen sich sehr schön mit grünen Zweigen, z.B. Buchs, oder auch mit einem Blumenstrauß in einer Vase oder einem Blumentopf kombinieren.

In keinem Fall aber dürfen die Ostereier an einem Fensterplatz der direkten Sonneneinstrahlung ausgesetzt werden, da sie sonst unweigerlich ausbleichen.

Aufbewahrung der Eier

Ist Ostern dann vorbei, und räumt man den Osterschmuck bis zum nächsten Jahr weg, sollten die Eier gut verwahrt werden. Hierfür sind die Behälter, in denen die Eier gekauft wurden, gut geeignet. Jedoch sollten die Pappkartons während des Jahres auch einmal überprüft werden, damit sich keine Milben festsetzen. Die Ostereier sollten während ihrer Lagerung keiner extremen Kälte oder Wärme ausgesetzt sein, ein Schrank oder eine Schublade ist ein idealer Ort.

Ornamentale Malerei

Die Inspiration dieser Motive auf den verzierten Eiern stammt ursprünglich von den Bemalungen und Kerbungen an alten Häusern im Berner Oberland, insbesondere aus der Region des Simmentals. Die Vorstellung über ein fertig bemaltes Ei muß bereits bei Arbeitsbeginn sehr konkret sein. Unregelmäßigkeiten am Gesamtbild sollten so gut wie möglich vermieden werden. Das erfordert während des Malens sehr hohe Konzentration.

Ausgangspunkt beim Bemalen eines Eis ist stets nur ein winziger Punkt, welcher die optische Mitte der nicht ebenen Fläche darstellt. Ohne jegliche Hilfe des Vorzeichnens oder Ausmessens entsteht das symmetrische Motiv auf dem Ei.

Material
Deckfarbe
Acrylfarbe
Tusche

Hilfsmittel
sehr feiner Pinsel
Schutzlack

Eier
Die Palette an Eiern, die verziert werden können, ist abwechslungsreich: Allerlei Hühner-, Enten-, Vogel- und Ziervogeleier werden, je nach Art, das ganze Jahr hindurch angeboten. Auf Märkten und Bauernhöfen hat die Suche danach den größten Erfolg.

Vorbereitung
Die auszublasenden Eier werden kritisch nach der gewünschten Form ausgesucht, denn nicht jede Eiform eignet sich für diese Ornamente.

Ausführung
Voraussetzung ist, daß ein Ei, welches zu Sammelzwecken verwendet wird, ausgeblasen und mit Seifen- oder Sodawasser gereinigt wird. Auch die Außenseite darf ruhig mit einem rauhen Pfannenreinigungstuch gesäubert werden.

Ist das Ei außen und innen trocken, wird es mit einer Grundfarbe eingefärbt, wobei die Konsistenz der Farbe und die Lufttemperatur von sehr großer Bedeutung sind, denn die Pinselstriche sollten ineinanderverlaufen und daher nicht sichtbar sein. Eine normale Zimmertemperatur, ohne Einfluß von künstlichem Licht sowie direkter Sonneneinstrahlung, schafft ideale Grundvoraussetzungen, um die nicht zu dicke Farbe optimal auftragen zu können.

Die Ornamente entstehen ohne jegliche Vorlage mit einem der feinsten im Handel erhältlichen Pinsel. Angefangen wird mit dem Mittelpunkt. Dann lasse ich meinen Ideen freien Lauf. Die Farben sind meist Ton-in-Ton und lassen deshalb nur kleine Farbnuancen (diese werden permanent gemischt) zu. Deshalb ist es sehr wichtig, während des Bemalens eines Kunstwerkes nicht gestört zu werden, denn sonst geschieht es, daß der Rhythmus des Vorstellungsvermögens unterbrochen wird. Eine weitere Folge von Unterbrechungen ist das Eintrocknen der fortlaufend gemischten und nur wenig voneinander abweichenden Farbnuancen.

Nach Vollendung der Verzierung folgt zum Schluß ein Lacküberzug, der mit dem Pinsel aufgetragen wird und die Bemalung schützt.

Susanne Kaderli

Malen mit Acryl- und Gouachefarbe

Ob zarte Malereien in Aquarelltechnik oder plakative Darstellungen, hier findet jedes Sujet seinen passenden Gestaltungsstil.

Material
Acryl- und Gouachefarben
Naturfarben zum Grundieren

Hilfsmittel
Marderhaarpinsel

Vorbereitung
Den Eiinhalt entfernen. Vor allem Enten- und Gänseeier, die sehr häufig verschmutzt sind, müssen sehr gründlich gereinigt werden. Alle Eier sollten vor dem Verzieren und Färben absolut fettfrei sein.

Ausführung

Färben
Bestimmte Eiarten, wie z. B. braune Hühnereier, hellbeige, getupfte Truthühnereier oder grünliche Enteneier haben von Natur aus eine interessante Oberfläche, die nicht unbedingt eingefärbt werden muß. Ein weißes Ei dagegen kann in warmer Naturfarbenlauge (Rotholz, Gelbholz, Blauholz, Zwiebelschalen oder in speziellen Eierfarben gefärbt werden.

Da das ausgeblasene Ei auf der Farbe schwimmt, muß es fortwährend mit Farbe überspült werden. Hat es den gewünschten Farbton und die Farbdichte erreicht, wird es aus dem Bad herausgenommen und mit einem weichen Papiertaschentuch abgetupft. Die eventuell in das Ei hineingelaufene Farbe muß ausgeblasen werden.

Bemalen
Nachdem Sie sich ein Motiv ausgesucht haben, fertigen Sie sich eine Skizze an. Das Motiv sollte sich immer der Form des Eis anpassen.

Das Ei wird während der Bemalung stets in der Hand gehalten. Mit einem harten, feinen Bleistift werden die Konturen, z. B. eines Schmetterlings, auf das Ei übertragen. Bitte beachten Sie, daß auf einem gefärbten Ei nicht mehr radiert werden kann. Die Radierstelle würde einen hellen Fleck hinterlassen. Damit das Ei ruhig gehalten wird, legen Sie den Arm auf die Tischkante. Der kleine Finger der pinselhaltenden Hand stützt sich auf das Ei, so kann der Pinsel sicher geführt werden.

Um eine Arbeit richtig ausführen zu können, benötigen Sie Marderhaarpinsel in verschiedenen Größen.

Die Acrylfarbe muß nach dem Gebrauch sofort ausgewaschen werden. Ist sie schon etwas angetrocknet, läßt sie sich zwar noch mit warmem Wasser lösen, der Pinsel könnte bei der Reinigung jedoch leicht beschädigt werden.

Taubenpaar, Pferd, Mandarin-Ente

Acrylfarbe auf eingefärbten Eiern

Das weiße Taubenpaar ist mit leicht verdünnter Acrylfarbe auf blauen Hintergrund gemalt. Um die bewußt nur in Weiß flächig gemalten Tauben dekorativ zu gestalten, sind Tupfen und Linien mit extrem dicker Farbe aufgemalt. Die zwei Blumen auf der Spitze und unten am Boden geben dem Ganzen den Halt und bilden eine Einheit.

Pferd und Mandarin-Ente sind in derselben Art mit gemischten Acrylfarben gestaltet.

Taubenpaar mit fliegender Taube

Hintergrund mit blauer Acrylfarbe grundiert

Nimmt das Gänseei beim Einfärben die Farbe unregelmäßig an, weist es Flecken oder Kratzer auf, können Sie das ganze Ei mit Acrylfarbe übermalen. Hierzu stecken Sie eine lange Nadel als Halterung in ein dickes Stück Styropor und stecken das Ei darauf. Mit einem breiten weichen Pinsel wird die vorbereitete Farbe gleichmäßig von oben nach unten

auf das Ei gemalt. Die Tauben sind wie nebenstehend beschrieben gestaltet.

Schmetterlinge: Schwalbenschwanz, Nachtpfauenauge – Entenpaar

Gouachefarben auf naturfarbenen Eiern

Vergessen Sie nicht, Enteneier mit Essigwasser zu reinigen. Auf ein von Natur aus grünliches Entenei (Entenpaar) sowie ein hellbeiges Truthuhnei (Schmetterlinge) wird mit verschieden feinen Marderhaarpinseln mit Gouachefarben direkt auf das Ei gemalt. Die Schale des Enteneis ist sehr feinporig und glatt (wie Porzellan). Deshalb ist es von Vorteil, die Farbe nicht zu sehr zu verdünnen.

Die Bemalung darf bis zum Lakkieren nicht mit den bloßen Fingern berührt werden.

Weiße Camelie

Nachträgliche Hintergrundbemalung

Die Camelie wurde auf ein weißes Hühnerei gemalt, damit das Weiß der Blüte feiner und weißer wirkt.

Nachträglich ist hier in freier Art der Hintergrund gemalt.

Rote Camelie, Mohn

Diese Blumen sind in der Aquarelltechnik gemalt. Mit sehr dünner Wasserfarbe beginnen Sie mit den hellsten Farbtönen. Nach dem Antrocknen der Farbe werden die dunkleren Schattierungen mit immer kräftiger werdenden Farben naß gemalt.

Lackieren
Alle Eier, ob mit Acryl- oder Gouachefarben bemalt, werden zum Schutz mit einem Seidenglanzlack besprüht (FCKW-frei!).

Herta Rüdisühli

Malen mit Gouachefarbe

Die dargestellten Motive stammen aus den Märchen der Gebrüder Grimm und Ch. Andersens. Aber auch Szenen aus französischen und russischen Märchen schmücken diese Eier.

Die Motive sind rundum auf dem Ei verteilt oder durch Bäume oder Rosenranken in drei Teile gegliedert, um somit mehr Darstellungsmöglichkeiten zu erhalten.

Material
Gouachefarben

Hilfsmittel
Rapidograf (Tuschfüller)
Japanmesser
Pinsel
Essig

Vorbereitung
Das Ei muß vor dem Skizzieren und Bemalen ausgeblasen und gut gereinigt werden. Die Oberfläche läßt sich am besten mit Essigwasser entfetten. Dieser Vorgang ist sehr wichtig und muß unbedingt sorgfältig ausgeführt werden, da sonst bei der Aquarelltechnik die Farbe abgestoßen wird.

Ausführung
Gouachefarben können mehr oder weniger stark mit Wasser verdünnt werden. Gemalt wird satt deckend oder aber durchscheinend (Aquarelltechnik), was wesentlich schwieriger ist. Je nach Motivwahl fällt die Entscheidung für die passende Technik.

Mit dem Bleistift skizzieren Sie vor, allerdings nur das Notwendigste, wie Figuren und Raumaufteilung. Anschließend wird mit dem Rapidografen nachgezeichnet, wodurch die Motive ihre feine Kontur erhalten.
Alle aufgetragenen Bleistiftspuren werden sorgfältig ausradiert, wenn nötig, kann man bei Hühner- und Gänseeiern auch mit dem Japanmesser korrigieren.

Für die Gestaltung sind Enteneier aufgrund ihrer wunderschönen, zartgrünen Färbung besonders geeignet. Das Grün bietet einen idealen Hintergrund zur Malerei. Aber Vorsicht: Hier würde eine Korrektur mit dem Messer die Grundfarbe beschädigen.

Besonders effektvoll wirken die Farben, wenn das Ei, wie bei dem russischen Märchen „Die schöne Wassiljissa", mit schwarzer Tusche grundiert wurde. Dabei entfällt das Vorzeichnen, und die Malerei muß frei erfolgen.

Lackieren
Abschließend wird das Ei mit einer Lackschicht versehen; geeignet ist ein matter Transparentlack. Auch ein farbloser Nagellack kann dazu verwendet werden. Das hat den Vorteil, daß die Eier glänzen und die Farben intensiver wirken, ähnlich den Emaillefarben.

Bert Grob

Malen mit Ölfarbe

Medaillon-Charakter

Die hier vorgestellten Eier sind ungrundiert. Dafür eignen sich vor allem die Eier am besten, die eine interessante Oberflächenstruktur haben: Fasaneneier, bläuliche Hühnereier, Truthuhn- und Enteneier.

Material
Ölfarbe (Tuben)
Samtband

Hilfsmittel
Kreuzschlitzschraubenzieher
Abwaschmittel
Essigwasser
Eierständer (z. B. Flaschendeckel)
Bleistift
Marderhaarpinsel Nr. 1, Nr. 2 oder Nr. 00
Haushaltspapier
Klarlackspray
Bindfaden (evtl. Nähnadel und Perle, evtl. Zahnstocher)

Vorbereitung
Für ein gutes Gelingen werden die Eier folgendermaßen behandelt: Mit einem Kreuzschlitzschraubenzieher wird das Loch gebohrt. Nachdem der Eiinhalt ausgeflossen ist, wird das Ei zweimal in Geschirrspülwasser ausgespült. Um eine einwandfreie Desinfektion zu garantieren, wird das Ei anschließend noch mit verdünntem Essig gespült. Das Ei zum Trocknen auf Haushaltspapier stellen (kleine Stützen anbringen).

Ausführung

Aufteilung der Eioberfläche:
Um die Eioberfläche je nach Motiv einteilen zu können, wird ein Bleistift verwendet, mit dem direkt auf das Ei gezeichnet werden kann. Das Aufteilen der Oberfläche vor dem Bemalen ist wichtig, da nur so die Proportionen auf der gekrümmten Oberfläche überprüfbar sind.

Bemalen

Prinzipiell wird von der Mitte zum Rand hin gearbeitet, um ein Berühren der Farbe mit der Hand (und anschließendes Verwischen der Oberfläche) von vornherein auszuschließen. Ein Marderhaarpinsel hat sich hierbei bewährt.

Bei den vorliegenden Beispielen wurde mit Ölfarbe gearbeitet. Nach dem Bemalen der einen Hälfte, d. h. der einen Seite, des Eis wird das Ei zum Trocknen 14 Tage auf ein Ständerchen gestellt.

Tip: Praktischer als die üblichen Eierständer sind diverse Deckelchen von Flaschen und Zahnpastatuben. Dabei ist es auch nicht weiter tragisch, wenn etwas Farbe zurückbleibt.

Nach dieser Ruhepause wird das Ei mit weißer Farbe weiter bearbeitet. Es werden gewisse gestalterische Akzente gesetzt, wie Schattierungen und Hervorhebungen. Nach dem Auftragen dieser Farbschicht muß das Ei wiederum 14 Tage ruhen.

Sollte das Ei (z. B. um es später an einen „Osterbaum" hängen zu können) an beiden Seiten bemalt werden, wird die ganze Prozedur auf der Rückseite wiederholt. Das Ganze ist eine zeitraubende Sache, aber die Mühe lohnt sich. Die Ölfarben werden auch in einigen Jahrzehnten noch so schön sein, wie sie es heute sind.

Lackieren

Um dem bemalten Ei den letzten Schliff zu geben und es gegen Verschmutzungen zu schützen (z. B. Staub), wird das Ei lackiert. Hierbei gelangt ein handelsübliches Klarlackspray (FCKW-frei!) zur Anwendung. Achten Sie auf den Aufdruck „Mattglanz" oder „Seidenglanz", um ein optimales Resultat zu erzielen.

Befestigen eines Fadens

Um das Ei mit einem Faden aus-
zustatten, gibt es sicherlich viele
Arten. Hier seien zwei vorgestellt.

Als erste Variante der „Zahnsto-
cher-Trick":
Ein Bindfaden wird in die Mitte
eines halbierten Zahnstochers ge-
knüpft, der Zahnstocher wird anschließend sanft in das Ei eingeführt. Diese Variante hat den Vorteil, daß sie auch bei Eiern an-
wendbar ist, die nur auf einer Seite ein Loch haben. Bei Fadenriß
kann ein neuer Zahnstocher mit
Faden eingeführt werden.

Die zweite Variante: Der Faden
wird mit einer Nähnadel durch
beide Löcher gefädelt und mit einer Perle verknüpft.

Anbringen eines Samtbandes

Um ein Ei besonders schön zu
gestalten und die beiden Seiten
optisch deutlich zu trennen, wird
ein Samtband in passender Farbe
um das Ei geklebt. Selbstverständlich können auch andere
Stoffbänder zur Anwendung ge-
langen, aber nur Samt schmiegt
sich optimal an die Eioberfläche.

Samtband und Faden können
einfach kombiniert werden, wie
die Abbildung zeigt.

Wilma Noy

Malen mit Ölfarbe

Tiermotive

In diesem Kapitel werden Motive vorgestellt, die sich besonders gut für die Gestaltung von Eiern eignen. Vögel, Enten und Gänse sind hier Thema der Malerei und bedeuten den inneren Sinnzusammenhang, den Bezug zur Natur.

Material
Ölfarbe

Hilfsmittel
Terpentinersatz
Sodawasser
Baumwollappen
Schleifpapier
Marderhaarpinsel, verschiedene Größen
Öl-Schlußfirnis

Vorbereitung
Das Ei wird gründlich mit z. B. Sodawasser gereinigt. Dadurch wird das Eiweiß in der Schale zerstört. Eine sorgfältige Reinigung des inneren Eis ist sehr wichtig, denn nur dann behalten die Farben des bemalten Eis ihre Leuchtkraft. Eiweißrückstände könnten speziell bei der Aquarellbemalung die Farbpigmente zerstören. Ungenügend gereinigte Eier ziehen Ungeziefer an, das eine ganze Sammlung zerstören kann. Schmirgeln Sie grobe Strukturen auf der Außenschale mit dem Schleifpapier zu einer glatten und ebenen Fläche. Dadurch geht der natürliche Fettgehalt der Schale verloren. Dies ist für die folgenden Malarbeiten besonders wichtig, denn die Fettschicht würde die Ölfarbe nicht annehmen. Zusätzlich wird die Außenschale mit einem mit Terpentinersatz getränkten Baumwollappen oder Schwämmchen abgerieben.

Ausführung
Das Medaillon gibt dem Ei seine vollendete Form. Vögel, Enten und Gänse werden in diese Form gemalt.

Die Vorlagen für Ihre Motive finden Sie evtl. auf eigenen Fotos, die beispielsweise bei einem Besuch im Vogelpark oder am See aufgenommen werden können. Durch Beobachtungen in der Na-

tur beschäftigt man sich mit der Anatomie der Tiere. Details für Ihre Malerei finden Sie in alten Biologiebüchern, in denen oft ausgezeichnete, naturgetreue Stiche abgebildet sind.

Zeichnen Sie zuerst ein Kreuz auf das Ei, um den Mittelpunkt festzulegen. Nun wird das Medaillon skizziert. Ungeübte sollten eine Kartonschablone zum Einzeichnen des Medaillons benützen. Zentrum des Medaillons ist die schwerste Form des darzustellenden Körperteils. Sie muß mit dem Mittelpunkt des Eis übereinstimmen, damit es harmonisch erscheint.

Skizziert wird direkt auf das Ei. Hierbei noch Ungeübte können zuerst auf Architekturpapier (Schreibwarengeschäft) skizzieren, drehen das Papier um und pausen die Vorzeichnung direkt auf das Ei ab. Allerdings wirken auf diese Art durchgedruckte Motive eher steif und disharmonisch, da ja das Ei als Malunterlage nicht so flach wie ein Papier ist. Die sogenannte Fischaugenperspektive erreichen Sie, indem alle Rundungen etwas vergrößert und Spitzen oder Längen abgerundet

verlängert werden. Bessere Resultate erzielen Sie, wenn Sie – nach etwas Übung – Ihr Motiv direkt auf das Ei aufzeichnen.

Zur Einhaltung des optimalen Gleichgewichts der Malerei kann es notwendig sein, daß Schwanz oder Flügel über den Medaillonrand hinausragen. Malen Sie das Hauptmotiv zuerst in Lasurtechnik, kein starker Farbauftrag. Arbeiten Sie mit dem Pinsel Schritt-für-Schritt feine Striche, bis das Hauptmotiv fertig ist. Bei dieser Technik sind Nacharbeiten möglich, da die Farbe nicht satt auf dem Untergrund aufgetragen ist.

Die Malerei ca. acht Tage trocknen lassen. Den Hintergrund mit feinen Pinselstrichen arbeiten und wieder trocknen lassen.

Firnis
Die Firnis bietet Schutz gegen Staub, Beschädigen der Farbe durch Anfassen und vor Lichteinwirkung. Mit dem Pinsel wird die Schlußfirnis nur auf die Malarbeit aufgetragen, dadurch verliert das Ei nicht an Natürlichkeit.

Maria Schneider

27

Tuschezeichnung

Mit hauchdünnen Strichen entstehen Muster oder Szenen, auf denen das Auge gerne verweilt.

Material
Tuschezeichner mit integrierter Tuschepatrone (Strichstärke 0,13 mm)

Hilfsmittel
Ochsengalle flüssig
Watte zur Entfettung
Papiertaschentuch oder feine Handschuhe
farbloser Lack

Arbeiten Sie nach Möglichkeit mit einer großen Lupe mit eingebauter Beleuchtung. Das erleichtert genaues Arbeiten und schont die Augen.

Vorbereitung
Für die Tuschetechnik können Sie alle hellen Eier mit einer glatten Oberfläche ohne Unebenheiten verwenden. Die Oberfläche muß sehr gründlich gereinigt werden. Danach wird das Ei mit einem Wattebausch und Ochsengalle sorgfältig entfettet. Ochsengalle verhindert, daß die Tusche „perlt", und garantiert einen gleichmäßigen und genauen Tuschestrich.

Das entfettete Ei darf jetzt bis zur Lackierung nicht mehr mit bloßen Händen berührt werden.

Ich empfehle Ihnen, das Ei mit Hilfe eines Papiertaschentuches oder ganz feinen Handschuhen in die Hand zu nehmen. Auch hat sich ein kleines Kissen für die Handauflage beim Zeichnen bestens bewährt.

Ausführung

Auf das gut gereinigte und entfettete Ei werden die Konturen der Häuser und Bäume aufgezeichnet.

Lassen Sie genügend Freiraum für die von Ihnen gewählte Umgebung der Häuser. Zeichnen Sie jetzt noch alles schematisch auf. Erarbeiten Sie sich zuerst die groben Umrisse, und gehen Sie dann in einzelnen Arbeitsschritten immer näher zu den Einzelheiten. Eine Skizze auf Papier ist dabei sehr hilfreich. Nun folgt die Ausarbeitung: Nehmen Sie sich jetzt Zeit für alle kleinen Details, und achten Sie auf den Kontrast hell/dunkel.

Die von mir gewählte Marktszene ist nur ein Beispiel, wie Sie einen Dorfplatz oder Straßen gestalten können. Mit viel Liebe zum Detail lassen sich Bilder auf das Ei zaubern, die dem Betrachter immer wieder etwas Neues zu entdekken geben.

Lassen Sie Ihrer Phantasie freien Lauf, und genießen Sie die zeichnerische Freiheit.

Lackieren

Zum Schluß wird die Zeichnung mit einem farblosen Lack geschützt. Das Ei kann jetzt problemlos in die Hand genommen und bestaunt werden.

Die Tusche-Technik bietet Ihnen sehr vielseitige Gestaltungsmöglichkeiten. Weitere Anregungen finden Sie auf Seite 30.

Beispiel

Tuschezeichnung auf Hühner-, Enten- und Gänseei
Die einzelnen Arbeitsschritte entsprechen in etwa den Angaben für die Häusermotive auf Seite 28. Machen Sie Ihre ersten Versuche mit weißen Hühnereiern. Sie sind erstens preislich günstiger, und zweitens beträgt der Zeitaufwand, nach einiger Übung, etwa 4 bis 5 Stunden (Enten- oder Gänseeier benötigen je nach Ausführung etwa 8 bis 10 Arbeitsstunden).

Im Handel sind auch Tuschepatronen mit farbiger Tusche erhältlich. Damit lassen sich auf naturfarbenen Eiern (z. B. hellgrünen Enteneiern) mit dunkelblauer Tusche sehr schöne Farbeffekte erzielen.

Mit gegenständlichen oder grafischen Zeichnungen, mit Mustern, Texturen usw. haben Sie eine Vielzahl von weiteren Gestaltungsvarianten.
Die hier beschriebene Vorgehensweise ist nicht allgemeingültig. Sie soll einen Einblick in die Technik geben und Ihnen den Einstieg erleichtern.

Versuchen Sie, die abgebildeten Zeichnungen nicht nur zu kopieren, sondern Ihren ganz persönlichen Stil zu finden. Suchen Sie nach neuen Möglichkeiten in der Ausführung, dann wird Ihnen die Tuschetechnik viel Freude bereiten.

Monika Ulrich-Zünd

Kratztechnik

Diese Technik eignet sich besonders für naturalistische und grafische Motive.

Material
Batikfarbe
Birkenblätter

Hilfsmittel
japanisches Papierschneidemesser

Vorbereitung
Verwenden Sie nur Eier, die eine schöne, regelmäßige Form besitzen. Beim Ausblasen muß darauf geachtet werden, daß die Löcher nicht zu groß und nicht ausgefranst sind.

Spülen Sie die Eier gut mit heißem Wasser aus, da sich sonst Fäulnis bilden könnte.

Die Eier werden in einem Sud von grüner Batikfarbe und Birkenblättern gleichmäßig eingefärbt. Dazu lassen Sie die Eier längere Zeit im Sud liegen und bewegen sie von Zeit zu Zeit, damit sich keine Flecken bilden können. Die Farbe wird nicht von allen Eiern gleichmäßig angenommen. Wenn Sie die Eier zuvor mit einem nicht scheuernden Waschmittel vor dem Färben entfetten, hält die Farbe besser.

Ausführung
Sind die Eier schön grün, nehmen Sie ein japanisches Papiermesser (im Hobbyfachhandel erhältlich) zur Hand.

Kratzen Sie Ihr ausgewähltes Motiv in das Ei. Sowohl grafische wie auch naturalistische Motive eignen sich für diese Arbeiten gut. Wenn Sie, wie in den Abbildungen zu sehen ist, braune Eier verwenden, erscheint beim Kratzen zuerst die braune Farbe des Eis. Wenn Sie dann noch sorgfältig etwas tiefer mit dem Messer kratzen, erscheint das Weiß. So erhalten Sie verschiedene Schattierungen.
Selbstverständlich können Sie danach noch Verzierungen anbringen, z.B. mit schwarzer Tusche. Bereits einige Punkte können eine sehr effektvolle Wirkung haben.

Beim Ei ganz links im Bild wurde das Medaillon (in Tropfenform) ausgekratzt und das Motiv (Baum, Radrennfahrer) mit Tusche auf die ausgekratzte Fläche gemalt.

Mit Tusche bearbeitete Eier müssen abschließend auf jeden Fall lackiert werden.

Dora Küng

Gravur

Pflanzen- und Tiermotive

Haben Sie Ihre Technik des Eier-verzierens schon etwas verfei-nert, sollten Sie auch die Gravur-Technik für Ihre Arbeiten ver-wenden.

An erster Stelle steht die richtige Wahl des Eis. Ich empfehle Ihnen für diese Arbeit Hühnereier. Sie sind überall erhältlich, das ist be-sonders für den Anfänger von Vorteil.

Material
Natur- oder künstliche Farben zum Grundieren
Kreidestift

Hilfsmittel
Japanmesser
Nähnadel
kleine Rundfeile
Lack
Glasperle
Faden

Vorbereitung
Die Eier werden ausgeblasen. Am besten stechen Sie mit einer Näh-nadel je ein kleines Loch oben und unten in das Ei. Um die Lö-cher ein wenig zu verschönern, kann mit einer kleinen Rundfeile nachgeholfen werden. Die Eier nach dem Ausblasen nochmals gut mit Wasser durchspülen (Ei-reste beginnen sonst zu riechen).

Ausführung
So weit vorbereitet, können die Eier eingefärbt werden. Dies kann entweder mit Naturfarben (Zwiebelschalen, Brennesseln, Farbhölzer usw.) oder mit künstli-chen Eierfarben erfolgen. Nach dem Trocknen kann mit dem ei-gentlichen Ritzen begonnen wer-den. Die Motive zuerst mit einem Kreidestift vorzeichnen. Geritzt wird mit einem sehr spitzen Ge-genstand (Japanmesser, Nadel, evtl. Feile). Durch das Ritzen wird die oberste (eingefärbte) Kalk-schicht des Eis entfernt, darunter erscheint die weiße Schicht. Das Ritzen muß sehr vorsichtig ge-schehen, denn die Eier sind in diesem Zustand besonders zer-brechlich. Zum Abwischen des farbigen Kalkstaubs verwenden Sie am besten ein weiches Tuch.

Zu den Motiven: Eigentlich kann man alles nach Lust und Laune einritzen. Eine Hilfe können aber Bauernmalerei- und Glasritzmoti-ve sein. Ist das Kunstwerk einmal fertig, so wird das ganze Ei mit einer Kunstharzlackschicht über-zogen. Am besten eignet sich der in der Spraydose (FCKW-frei!). Wer seine Eier am Osterbaum aufhängen will, tut dies am be-sten mit einem Faden und einer kleinen Glasperle. Der Faden wird so durch die zwei Löcher geführt, daß oben eine Schlaufe entsteht. Die beiden Enden des Fadens werden mit der Glasperle verknüpft. Natürlich muß die Per-le etwas größer sein als das untere Loch.

Maria Citton-Bonato

Gravur

Spitzenmuster und Strukturen

Die filigranen Muster auf Eiern sind ein faszinierender Anblick. Die Verbindung der warmen Grundfarben und der zarten Strukturen macht den besonderen Reiz dieser Eier aus.

Material
1 bis 3 Päckchen Batikfarben
Tusche
Lack

Hilfsmittel
japanisches Papierschneidemesser
Diamantgravurstift
Eier-Pumpe
Einwegspritze mit dicker Kanüle
Holzlöffel
Pinsel

Vorbereitung
Mit dem Diamantgravurstift (bekannt vom Glasritzen) bohren Sie nur ein kleines Loch und pumpen die Eimasse mit einer „Eier-Pumpe" heraus (weitere Möglichkeiten siehe Seite 9). Mit demselben Gerät wird das Ei mit heißem Wasser gut ausgespült und anschließend die Schale mit einem sanften Spülmittel gereinigt, um die natürliche Fettschicht zu entfernen. So erhält man später eine gleichmäßige Färbung. An einem warmen Ort lassen Sie die Eier trocknen, je länger desto besser.

Wenn Sie die Eier vor dem Färben mit feinster Stahlwolle abschleifen, werden die Schalen besonders glatt und samtig.
Diese Spezialbehandlung hat in China eine lange Tradition.

Ausführung

Grundieren
Die Eier werden mit Batikfarben gefärbt. Sie sind lichtecht, d. h. die Farben bleiben in ihrer Leuchtkraft erhalten, ohne zu verblassen. Je nach gewünschter Farbintensität lösen Sie ein bis drei Päckchen Farbe in höchstens einem Liter heißem Wasser auf und seihen dann durch ein feines Tuch in einen anderen Topf ab, der auf kleinster Flamme steht. Interessante Effekte lassen sich durch Farbmischungen erzielen: dazu einfach das Pulver trocken mischen und auflösen. Damit die Eier unter der Oberfläche der Farbbrühe bleiben, fülle ich sie mittels einer dicken Spritze (Apotheke) mit heißem Wasser. Nach einer halben bis einer Stunde die Eier herausholen (Holzlöffel, sonst gibt es Kratzer), kurz unter kaltem Wasser abspülen, mit der Eier-Pumpe wieder leeren und zum Trocknen aufstellen. Nach frühestens zwei Wochen werden sie weiterbearbeitet.

Um für manche Spitzenmuster besonders klare und scharfe Kontraste zu bekommen, können Sie einige Eier mit Pinsel und schwarzer Tusche färben. Tusche deckt sehr gut und ist auch lichtecht. Allerdings ist sie beim Gravieren sehr hart, ein sogenannter „Klingenfresser". Zum Schutz vor Feuchtigkeit erhalten solche Eier nach dem Gravieren immer einen matten oder glänzenden Lacküberzug.

Gravieren
Beim Gravieren wird die Farbe wieder abgekratzt. Die natürliche Eifarbe kommt wieder zum Vorschein. Da kein Ei wie das andere ist, verlangt jede Eiform nach ihrem speziellen Muster. Dies kann nun klassisch-traditionell oder modern-experimentell sein. Nach dieser Vorüberlegung bestimmen Sie je nach Spitzenart den Mittelpunkt, um den sich dann die Spitze rankt, oder Sie skizzieren mit einem weichen Bleistift nur den Rahmen, sei es nun ein Viereck oder ein Medaillon, in dem Sie nach und nach die Spitze aufbauen. Das geschieht Schritt-für-Schritt frei Hand, ohne weiteres Aufzeichnen. Das Papierschneidemesser läßt mit seiner scharfen Spitze sehr feine Striche zu, aber auch flächiges Arbeiten ist durch Schräghalten gut möglich. Je nach ausgeübtem Druck erscheinen unterschiedliche Farbabstufungen des natürlichen Untergrunds wieder. Sehr reizvoll sind Fasaneneier mit ihrer grünen bis blauen Schale.

Wird das Messer stumpf, brechen Sie einfach die Klinge ab, und Sie haben wieder eine neue, scharfe Schnittkante. Der große Vorteil beim Gravieren ist, daß die Arbeit jederzeit unterbrochen werden kann. Irgendwann läßt einmal die Konzentration und vielleicht auch die Geduld nach, vor allem wenn man bedenkt, daß die reine Gravierzeit angefangen von fünf Stunden bis zu zwei Tagen dauern kann. Ist ein Spitzenmuster sehr umfangreich, so sollten Sie fertige Teile mit einem Lacküberzug schützen, damit der Druck des langen Festhaltens ganz feine Striche nicht verwischt.

Wenn Sie möchten, kann das fertige Ei noch mit farbiger Tusche koloriert werden. Damit lassen sich besondere Effekte erzielen. Auch einzelne Teile treten dadurch deutlicher hervor.

Gabriela Kopka

Gravur

Spruchbandeier

Die beste Voraussetzung für eine gelungene Arbeit sind schöne Eier mit einer glatten und ebenmäßigen Schale, die nach Möglichkeit direkt beim Produzenten ausgewählt und gekauft werden sollten.

Material
Naturfarben (Farbhölzer)
Pergamentstreifen
Drahtkurbel
Holzperlen

Hilfsmittel
Hirsekissen
Kratzfeder mit Halter
Bleistift
Tuschfeder
Kontaktleim

Vorbereitung
Blasen Sie die Eier zuerst aus, und spritzen Sie dann mehrmals Essigwasser in die Ausblasöffnung. Anschließend kochen Sie die Farbhölzer mit Wasser auf und legen die Eier in den Sud. Während ca. 1 Stunde müssen die Eier ständig gewendet und übergossen werden. Nur so erreichen Sie eine regelmäßige Färbung. Nach dieser Prozedur sind die Eier mindestens 48 Stunden trocknen zu lassen.

Wenn Sie ein Tiermotiv gravieren wollen, empfehle ich Ihnen, sich vorher mit dem betreffenden Tier eingehend zu befassen. Achten Sie dabei auf das Fell eines Hasen oder einer Katze, auf das Federkleid der Vögel oder den Gang einer Ente.

Dein Leben sei voll

Ausführung

Haben Sie sich für ein Motiv entschieden, wählen Sie die passende Eiform und Farbe aus. Legen Sie das Ei am besten auf ein Hirsekissen, und zeichnen Sie mit einem Bleistift die Konturen auf. Achten Sie darauf, daß sich dabei durch die Eirundung das Motiv nicht verzieht. Sind Sie vom Bleistiftentwurf überzeugt, beginnen Sie mit dem eigentlichen Gravieren.

Führen Sie die Kratzfeder anfänglich mit wenig Druck über die Bleistiftkonturen. Bearbeiten Sie dann das Motiv vom Zentrum nach außen. Je stärker der Druck auf die Feder, desto mehr Farbe wird entfernt und somit der Kontrast vergrößert.

Spruchband

Die eigentlichen Spruchbandeier gehen auf einen alten Brauch zurück. Sie wurden meistens in Klöstern angefertigt.

Der gewünschte Spruch wird mit einer Tuschfeder auf einen ca. 40 bis 50 cm langen und ca. 1½ bis 2 cm breiten Pergamentstreifen geschrieben. Ritzen Sie nun auf der linken Seite einen Schlitz in das Ei. Gehen Sie dabei aber äußerst vorsichtig vor, denn das Ei kann dabei leicht zu Bruch gehen.

In einem nächsten Schritt führen Sie durch die Ausblasöffnungen die mit Holzperlen vorbereitete Drahtkurbel ein. Am rechten Ende des Spruchbandes bringen Sie einen Tropfen Kontaktleim an und führen es durch den Schlitz an die Achse der Kurbel. Sobald das Spruchband haftet, können Sie es aufrollen.

Rolf Mohler

Scherenschnitt

Mit Scherenschnitten verzierte Eier sind in den Balkanstaaten verbreitet, besonders schöne Farbscherenschnitte sind aus Polen bekannt.

Im schweizerischen Berner Oberland ist das Anfertigen von Scherenschnitten eine alte Volkskunst. Es werden vor allem großformatige, zarte Gebilde geschnitten, die oft bäuerliche Motive zum Inhalt haben.

Mit Enten- und Gänseeiern läßt sich dank der dickeren Schale gut arbeiten. Bei Verwendung von farbigen Eierschalen sollte der Kontrast des Scherenschnitts zur Eierschale stark genug sein, um die gewünschte Wirkung zu erzielen.

Es wird Scherenschnittpapier verwendet, welches einseitig schwarz gefärbt ist. Auch feine Buntpapiere oder Origamipapier sind geeignet.

Im Handel sind spezielle Scherenschnitt- und Silhouettenscheren erhältlich, die lange Griffe und sehr spitze, kurze Schneiden besitzen. Aber auch die in der Kosmetik gebräuchlichen, sehr feinen Nagelhautscheren sind geeignet.

Glasklar trocknender Leim, weicher Bleistift und evtl. ein kleines Federmesser für Innenschnitte runden die Materialpalette ab.

Nun braucht es nur noch etwas Zeichentalent, Geduld und viel Phantasie, um mit ruhiger Hand kleine Kunstwerke zu schaffen.

Material
einseitig schwarzes Scherenschnittpapier
Origamipapier
Buntpapier
bunte Bänder

Hilfsmittel
Scherenschnitt- oder Silhouettenschere
Leim
feiner Pinsel
weicher Bleistift
Federmesser
Pinzette
Lineal
Lack

Ausführung

Zeichnen
Eine klare, nicht unbedingt vollständige Skizze des gewünschten Motivs auf die Rückseite des Papiers zeichnen. Dabei beachten, daß alles auf der Vorderseite spiegelbildlich erscheint (besonders wichtig bei Buchstaben). Beginnen Sie mit einem kleinen Motiv, es paßt sich der runden Eiform besser an. Beim Auflegen eines größeren Stückes Papier werden Sie sofort sehen, daß sich dieses der Eiform nur durch Falten anpassen läßt. Durch sorgfältige Planung der Vorzeichnung kann erreicht werden, daß diese Faltstellen abgeschnitten werden können.

Schneiden
Es ist vorteilhaft, zuerst die Innenschnitte anzubringen und am Schluß die Gesamtumrisse. So kann der Scherenschnitt am umgebenden Papier noch gut gehalten werden. Bei besonderen Feinheiten kann es nötig sein, erst mit einer dünnen Nadel vorzustechen, da durch das Einstechen mit der Schere immer ein kleiner Riß entsteht. Das Papier wird beim Schneiden ruhig und nicht ruckartig in die Schere hineingedreht. Immer sauber in die Ecken schneiden, bis ein Stück von selbst hinausfällt, aber nie herausreißen.

Aufkleben
Auf die Rückseite des Papiers sorgfältig mit einem feinen Pinsel klar trocknenden Leim auftragen. Der Leim sollte unbedingt glasklar trocknen, so daß überstehende Leimreste am fertigen Objekt nicht mehr zu sehen sind. Um besser zu haften, muß die zu beklebende Eierschale unbedingt fettfrei sein.

Lackieren
Wenn das Ei nicht nur in einer Sammlervitrine aufbewahrt, sondern viel in die Hand genommen wird, ist es nötig, den fertigen Scherenschnitt mit einem farblosen Sprühlack (FCKW-frei!) zu überziehen und zusätzlich zu fixieren.

Beschreibungen
der abgebildeten Eier

Alpaufgang und Pferd, weiße Hühnereier
Der Bauer führt seine Tiere über steile Pfade zu den Alpen. Bäuerliche Motive sind in der Scherenschnittkunst stark vertreten. Dieser Scherenschnitt ist in Schwarz gehalten und umfaßt das Ei ganz. Das gleiche gilt auch für das vor den Schlitten gespannte Pferd. Den Eiumfang genau messen und die fertige Arbeit sorgfältig aufkleben; schon einen Millimeter weiter oben oder unten hat das Ei einen anderen Umfang!
Zum Schluß können die Eier oben und unten mit einem feinen Rand oder Blätterkranz eingefaßt werden.

Hahn, naturgrünes Entenei
Der Hahn verkündet den jungen Tag. Die Federn können sehr phantasievoll auf viele Arten herausgebildet werden, sei es als feine Linien oder sogar als Blumen.

Osterhase, naturgrünes Entenei
In der Scherenschnittkunst sind Märchen sehr beliebt, hier kann der Phantasie freier Lauf gelassen werden. Oft wirkt ein Motiv durch Verdoppelung des Faltschnitts reichhaltiger, auf der Rückseite ist noch eine kleine Verzierung angebracht.

Löwenzahn und Mohn, weiße Gänseeier

Diese Feldblumen fristen sonst ein bescheidenes Dasein, doch durch das Spiel mit Licht und Schatten und einigen Farbtupfern wurde daraus ein reizvoller Scherenschnitt. Blumen doppelt geschnitten, ein feiner Rand ergibt den Rahmen.

Kätzchen, weißes Gänseei

Das Tigerchen schaut recht ernst in die Welt. Wo hat es wohl den Wollknäuel her? Feines und trotzdem reißfestes, farbiges Papier verwenden und mit scharfer, spitzer Schere arbeiten, um die feine Fellzeichnung zu erreichen. Die rote Linie des Wollfadens kringelt sich um das ganze Ei.

Als Rahmen sind oben und unten Blumengirlanden angebracht.

Störche, weißes Gänseei

Die zurückkehrenden Störche aus dem Süden und die blühenden Seerosen zeigen uns den Frühling an. Der Storch, von Natur aus schwarz-weiß, bietet sich als Scherenschnittmotiv an. Hier sind mit Schnabel und Beinen aus rotem Papier noch Akzente gesetzt.

Dieses Ei ist rundum mit fliegenden Störchen und allerlei Wasserpflanzen verziert.

Doris Braschler

Umhäkelte Eier

Zum Umhäkeln eignen sich praktisch alle Arten von Eiern: Gänse-, Truthuhn-, Hühner-, Wildhühner- (die Farben variieren in verschiedenen Grüntönen) oder Zwerghühnereier.

Durch die Farbwahl der Garne und Eier ergeben sich die unterschiedlichsten Kontraste. Eine andere Möglichkeit besteht darin, die Eier vor Beginn der Häkelarbeit zu färben.

Je feiner das Garn, desto geeigneter ist es auch für kleine Eier. Gröberes Garn sollte nur für große Eier (z. B. Gänseeier) verwendet werden.

Material
Taschentuchgarn DMC Nr. 80, MEZ Nr. 80
DMC-Faden Nr. 40 oder Nähseide

Hilfsmittel
Häkelnadel Nr. 0,75

Die Techniken

Variante 1
Häkeln Sie zwei Motive, die mit einem Faden über das Ei gespannt werden. Bei länglichen Eiern wird über „Kopf" und „Ende", bei runden um den „Bauch" gespannt. Motive mit vielen Spitzen sind für diese Arbeit geeignet. Achten Sie stets darauf, daß sich Ihre Häkelspitze gut über das Ei spannt.

Wenn die Motive gehäkelt sind, vernähen Sie die Fäden. Läßt man an einem Motiv den Häkelfaden lang, kann man mit diesem die Motive über das Ei spannen. Anschließend den Faden sehr gut vernähen.

Fortsetzung Seite 50

Fortsetzung von Seite 48

Variante 2

Diese Technik ist Maßarbeit. Die Arbeit besteht aus drei Teilen mit genau gleich vielen Spitzen. Zuerst wird eine Luftmaschenreihe gehäkelt, die genau um das Ei paßt. Darauf wird die Spitze vollständig gearbeitet. Anschließend werden nochmals zwei gleiche Motive, vorzugsweise Sterne, gehäkelt.

Wenn Sie, weil Sie vielleicht in dieser Technik noch nicht so viel Übung haben, verhindern wollen, daß die Arbeit beim Spannen verrutscht, können Sie die Sternmotive mit etwas Leim ankleben.

Beim Spannen müssen die Abstände der Spannfäden möglichst gleich lang sein. Auch hier gilt, je genauer und satter die Fäden gespannt sind, um so schöner ist die fertige Arbeit. Selbstverständlich kann das Muster auch bei dieser Technik über „Kopf und Ende" oder um den „Bauch" des Eis gearbeitet werden.

Variante 3

Eine weitere Variante ist die Fadenspanntechnik. Dafür werden zwei Motive gehäkelt und längs miteinander verbunden. Dann werden die Fäden von einem Punkt aus über die leere Fläche gespannt.

Als Motive eignen sich auch Deckchen aus Häkelzeitschriften oder Teile von größeren Arbeiten, sofern Sie die Muster nicht selber erfinden wollen.
Auf diese Art verzierte Eier haben noch einen ganz großen Vorteil: Sollte ein Ei in die Brüche gehen, ist die Arbeit nicht verloren. Mit einem Faden über ein neues Ei gespannt, ist das Kunstwerk gerettet.

Ottavia Guidon

Perforation

Das Perforieren von Eiern ist eine recht technisch orientierte Arbeitsweise und erfordert zahlreiche Instrumente.

Material
Kleiner elektrischer Bohrer mit verschiedenen Einsätzen
Diamantstifte
Karborundstifte
feine Rundfeilen
Hedström-Feilen Nr. 50
Schutzmaske oder Mundschutz mit Schutzbrille

Hilfsmittel
Bleistift
Zirkel
Radiergummi

Vorbereitung
Die Eier wie auf Seite 9 beschrieben ausblasen und reinigen.

Technische Erläuterung
Man braucht einen kleinen elektrischen Bohrer mit regulierbarer Drehzahl und verschiedenen Einsätzen, wie er zum Glasgravieren angeboten wird, oder einen Zahnarztbohrer. Gefräst wird mit Diamantstiften verschiedener Form (Flamme, Zylinder, Konus) und verschiedener Körnung (dental bis sehr fein), geschliffen wird mit Karborundstiften (Flamme, Konus). Letztere lassen sich auch bei weicher Eischale (Gänse- und Schwaneneier) zum Perforieren einsetzen, wenn ein größerer Durchmesser erwünscht ist. Für längere gerade Schnitte eignet sich eine Trennscheibe von 2 cm Druchmesser sehr gut, die aber nur vorsichtig entlang der Oberfläche geführt werden darf.

Das Eihäutchen wird nach dem Perforieren in größeren Öffnungen mit feinen Rundfeilen und in kleinen mit Hedström-Feilen Nr. 50 entfernt, die gerade noch biegsam sind. Wichtig ist auch eine gute Schutzmaske oder ein Mundschutz, kombiniert mit dicht schließender Schutzbrille, da Eierschalenstaub in großen Mengen anfällt, der gesundheitsschädlich ist und Allergien hervorrufen kann. Noch besser wäre eine zusätzliche Absaugvorrichtung.

Zum Perforieren eignen sich vor allem dickschalige Eier wegen ihrer größeren Stabilität; ich selbst bevorzuge grüne und weiße Enteneier, Gänseeier und Schwaneneier. Die ausgeblasenen Eier sollten nur in gut getrocknetem Zustand bearbeitet werden, wenn möglich, sollten sie vom Vorjahr stammen. Das Eihäutchen sollte sich zum Zeitpunkt des Perforierens intakt im Inneren des Eis befinden, da es eine große stabilisierende Wirkung hat. Selbst wenn zuweilen feine Haarnadelrisse beim Fräsen auftreten, wird die Eischale vom Häutchen zusammmengehalten. Man kann die Risse überschleifen und weiterarbeiten.

Wann welche Instrumente eingesetzt werden, muß jeder selbst ausprobieren. Als Faustregel gilt: So hochtourig fräsen wie möglich, ohne daß die Eischale splittert, da so der manuelle Druck verringert wird. Wenn nötig, kann man auf Diamantstifte mit feinerer Körnung ausweichen. Wie viele Eier bei der Bearbeitung zu Bruch gehen, hängt weitgehend von der Geduld, der ruhigen Hand und der Erfahrung des Perforateurs ab. Niemand ist jedoch vor Überraschungen sicher, da jedes Ei anders beschaffen ist und Schwachstellen in der Schale meistens nicht erkennbar sind.

Auch ein fertiggestelltes durchbrochenes Ei wird immer ein sehr zerbrechliches Objekt bleiben.

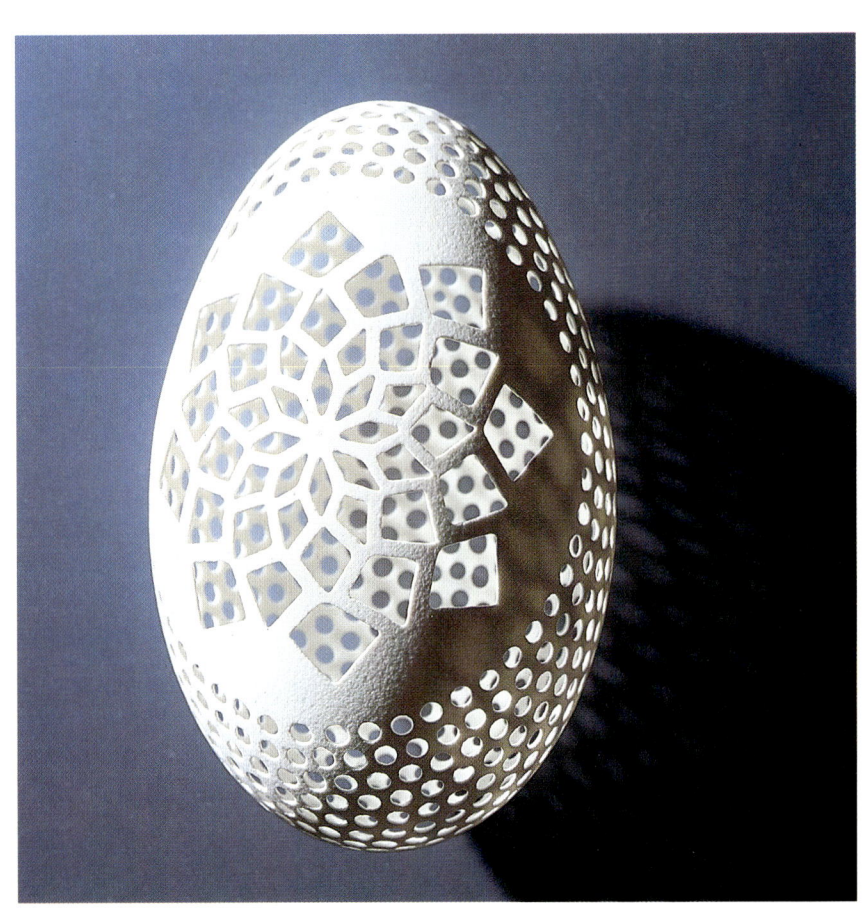

Ausführung

Zuerst wird das gewünschte Ornament mit Bleistift auf dem Ei skizziert. Der Mittelpunkt des Medaillons sollte eher zu hoch als zu tief angesetzt werden, da sich das Ei nach oben verjüngt und oft in Ständern aufbewahrt wird. Vom Mittelpunkt aus wird das Medaillon mit dem Zirkel in konzentrische Kreise eingeteilt und mit einem Fadenkreuz verziert. In der Folge wird man aber öfters von dieser Skizze abweichen und improvisieren müssen, da das Fräsen und Bohren immer der Beschaffenheit der Eischale angepaßt werden muß.

Wenn z. B. eine Figur am Rand splittert, muß sie vergrößert werden und alle anderen der Symmetrie wegen auch.

Das Ausarbeiten des Musters mit dem Bohrer erfolgt immer vom Zentrum aus. Hier wird zuerst der „Baslerstab" gefräst und dann die umgebenden Tropfenornamente, da so unnötige Spannungen in der Eischale eher vermieden werden können. Die einzelnen Elemente werden mit verschiedenen Diamantstiften gebohrt und gefräst. Das in Fetzen im Inneren des Eis hängende Eihäutchen mit Rundfeile und Hedström-Feilen Nr. 50 entfernen. Erst dann werden Unregelmäßigkeiten an den Schnittstellen erkennbar und können mit Karborundstiften nachgeschliffen werden. Die Bleistiftzeichnung wird anschließend mit dem Radiergummi vorsichtig entfernt. Das Einsetzen von Wasser, Spülmittel oder Alkohol ist nicht empfehlenswert, da das Ei zum weiteren Bearbeiten ganz trocken bleiben muß.

Es folgt nun das Ausgestalten des Eikörpers. Vom Rand des Medaillons an werden Löcher in konzentrischen Kreisen angeordnet und ausgebohrt, bis das ganze Ei damit überzogen ist. Das erhöht die Transparenz und gibt dem Ganzen ein filigranartiges Aussehen. Am besten verwendet man dazu Diamant- oder Karborundflammen des gewünschten Durchmessers. Es ist darauf zu achten, daß der Bohrer immer, vor allem an den Eipolen, senkrecht zur Oberfläche angesetzt wird, da ein Verkanten schnell zum Bruch des Eis führen kann. Zum Schluß wird nun wieder das Eihäutchen in jedem Loch mit Hedström-Feilen sauber ausgeschnitten.

Heinz Sternberg

Konkave und konvexe Schnitte

Neben vielen Eiern und noch mehr Geduld brauchen Sie einen hochtourigen Bohrer mit unterschiedlich feinen Bohraufsätzen sowie eine Schleifscheibe für konkave Formen. Zu Anfang begnüge ich mich mit einem perforierten Medaillon. Bei besonders schönen Eiern kann auf eine Grundierung verzichtet werden, um sie ihrer eigenständigen Formen, Farben oder Strukturen nicht zu berauben. Das Motiv, dem Charakter des jeweiligen Eis entsprechend, malen Sie dann direkt ins Medaillon. Die hier dargestellten Eier habe ich in Öl gemalt und abschließend mit einem Firnis überzogen.

Material
Hochtouriger Bohrer mit feinen Bohraufsätzen
Schleifscheibe
Farben zum Bemalen

Hilfsmittel
Öl
Firnis
Sekundenkleber

Auf der Abbildung sehen Sie ein Ei, das auf vier konkaven Flächen die vier Jahreszeiten darstellt. Dazu benötigen Sie fünf Eier von gleicher Größe. Kontrollieren Sie die Schalenstruktur im Schein einer starken Lichtquelle, um eventuelle Schwachstellen erkennen zu können. Ein möglichst schön geformtes Ei wird in vier Ovale aufgeteilt. Dann schneiden Sie ein Oval aus und arbeiten analog zum auf Seite 58 beschriebenen Blumenei. Diesen Ablauf wiederholen Sie noch dreimal, wobei Sie jedesmal die Innenhaut der Schale unter fließendem Wasser lösen. Sobald alle vier Seiten eingepaßt sind, können Sie mit der Perforation rund um die konkaven Einsätze weiterfahren. Nun wird das Ei bemalt. Da die konkaven Stellen viel saugfähiger sind als die Außenschalen, wählen Sie für die Miniaturbilder die Aquarell- oder Acryltechnik.

Dieses Ei symbolisiert eine Blume. Zuerst schneiden Sie die vordere Seite in Form eines gleichmäßigen Ovals aus. Durch die jetzt entstandene Öffnung ist es möglich, die innere Haut von der Schale zu lösen, um ein unschönes Ausfransen der Ränder bei späteren Perforationen zu verhindern. Auf ein zweites Ei perforieren Sie das einzusetzende Motiv. Bei der Motivgröße berücksichtigen Sie die schon vorbereitete Öffnung. Die Bohrungen sollten mindestens drei Millimeter vor der Kontaktstelle zum offenen Oval enden. Nur so zerbricht Ihnen das zweite Ei nicht beim Trennen. Durch gezieltes Feinschleifen passen Sie die beiden Eier so ineinander, daß Sie mit wenig Sekundenkleber dem Ei wieder die übliche Stabilität zurückgeben. Jetzt trennen Sie die vorstehende Schale vom zweiten Ei. Mit vorsichtigem Schleifen bis zur Klebestelle der ineinanderliegenden Eierschalen erzielen Sie eine übergangslose Kante. Erst jetzt lösen Sie die Innenhaut der Schale wie beim ersten Ei. Nun perforieren Sie die Rückseite, was dem Ei, besonders im Schein einer Lampe betrachtet, Feinheit verleiht. Durch gezielte Bemalung läßt sich die konkave Form noch intensiver zur Geltung bringen.

Sie können auch ein sogenanntes „Schaufensterei" gestalten, indem Sie die Innenseite des ersten Eis bemalen. Die Gestaltung erfolgt vor dem Einsetzen des zweiten Eis.

Was würde die Form eines kon-kav-konvexen Eis besser nach-empfinden als ein ausgeschnitte-ner Apfel? Dazu benötigen Sie drei Eier.

In das erste Ei perforieren Sie auf dem Eipol die Kerne. Dafür eignet sich ein besonders spitzes Ei, um die konvexe Form zu unterstrei-chen. In das zweite Ei schneiden Sie ein Loch in den unteren Eipol. Nun wird das vorbereitete Ei mit dem perforierten Kerngehäuse in das zweite Ei eingepaßt. Die ein-zelnen Schritte sind bereits beim Blumenei beschrieben. Das nun konkav wirkende Kerngehäuse wird in das dritte Ei eingesetzt, nachdem auf dem letzten Ei ein entsprechendes Oval auf der Längsseite ausgeschnitten wur-de. Nach den zwei Arbeitsgän-gen, wie sie beim Blumenei be-schrieben wurden, liegt nun das Kerngehäuse als konvexe Fläche vor. Auf der Rückseite wird ein Apfelbaum oder eine Apfelblüte perforiert, um auch einen Blick ins Innenleben eines konkav-konvexen Eis werfen zu können. Am Schluß wird das Ganze be-malt.

Maria Schneider

Holzspan-Collagen

Bei dieser Technik wird mit Holzspanbändern, wie sie auch zur Fertigung von Weihnachtssternen und -dekorationen verwendet werden, gearbeitet. Sie teilt sich in vier verschiedene Gestaltungsmöglichkeiten, der flachen Collage, der Kassetten-Technik, dem Relief und der Bild-Collage.

Material
Holzspanbänder: 0,5 – 1,5 mm stark, 1 – 5 cm breit
Holzbeize oder Batikfarbe (chemisch) zum Einfärben

Hilfsmittel
sehr scharfes, spitzes Messer (wie bei Intarsienarbeiten) oder Stilett
feine Pinzette, spitz und vorne gebogen
feine, spitze Scherenschnitt-Schere und eine etwas größere Schere
Lederlochscheren: Lochungen von 1,5 – 5 mm Durchmesser, eine weitere mit auswechselbaren Stanzen von 3,5 – 10 mm Durchmesser
Zickzackschere
Metall-Lineal und beschichtetes Brett 20 × 40 cm
Ledermodellierinstrument (muß erwärmt werden)
Styropor-Platte 10 × 5 cm, mit weichem Baumwollstoff überzogen
Schälchen zum Anfeuchten des Spans
UHU-hart-Leim
Aceton zum Reinigen
Lack, matt und Seidenglanz
kleiner, weißer Borstenpinsel

Vorbereitung
Den Eiinhalt entfernen, das Ei in der gewünschten Farbe grundieren und mit einer dünnen Lackschicht (matt) überziehen (FCKW-frei!).
Für diese Technik benötigen Sie schon etwas Mut und auch Phantasie, denn auf das grundierte Ei läßt sich kaum eine Skizze zeichnen. Radierarbeiten hinterlassen Streifen auf dem Ei.

Flache Collage

Für diese Collagen eignen sich z. B. Streublumenmotive besonders gut. Die Wahl der Farben richtet sich nach der Grundfarbe des Eis. Immer nur so viele Spanteilchen ausschneiden, wie für eine Blume notwendig sind. Diese zusammenstellen und aufkleben. Es bleibt dem eigenen Ermessen überlassen, wie viele verschiedenen Farben und Formen das Motiv haben soll.
Jedes Spanteil wird mit der Pinzette an die dünne Öffnung der Leimtube gehalten und ein kleines Tröpfchen daraufgesetzt. Bei ganz kleinen Stücken tritt oft Leim beim Kleben über den Rand hinaus, aber es ist nötig, daß genügend Leim verwendet wird. Nach Beendigung der Arbeit wird überschüssiger, sichtbarer Leim mit einem kleinen weißen Borstenpinsel mit Aceton entfernt.
Tip: Den kleinen Abfall, der beim Zuschneiden anfällt, sollten Sie in einem Gefäß aufbewahren, denn es entstehen oft zufällig Formen, die bei anderer Gelegenheit als Blätter oder Blüten verwendet werden können.
Wenn das ganze Motiv fertig aufgeklebt ist, eventuell auch noch durch einen Rahmen eingefaßt, wird alles gereinigt (s. oben). Danach wird die Decklackschicht aufgetragen.

Kassetten-Ei mit flacher Collage

Das gefärbte Ei wird in Felder (Kassetten) eingeteilt, die das Motiv in flacher Collage, wie zuvor beschrieben, einrahmen. Hier muß nun zuerst die Kasetteneinteilung genau mit Bleistift leicht auf das gefärbte Ei aufgezeichnet werden. Diese Linien werden mit feinen farbigen Spanstreifen überklebt, die dann die Kassetten bilden. Von Rosetten an den Eipolen ausgehend, stellen Blätterranken die Verbindung zu den Kassetten her. Abschließend wird das Ei mit einer Schutzschicht aus Lack versehen.

Relief-Collage

Bei dieser aufwendigsten Technik ist die Plazierung des Motivs sehr wichtig (weder zu weit unten noch zu weit oben). Wenn z. B. ein Körbchen oder eine Vase die Blumen aufnimmt, so kann eine kleine Papierschablone hilfreich sein, damit nicht plötzlich zu wenig Raum für die Blumen bleibt. Der richtige Ort kann fein mit Bleistift auf das Ei (Umriß der Schablone) aufgezeichnet werden.

Begonnen wird mit dem Gefäß. Die etwa 1,2 mm breiten Streifchen für den Korb werden mit dem Messer zugeschnitten. Zuerst wird das Bodenstück geklebt, dann die Längsstreifchen. Die gebogenen Teile werden zugeschnitten (z. B. für eine Vase) und durch zwei angefeuchtete Finger gezogen. Dann werden sie auf dem Styroporplättchen mit dem warmen Modellierinstrument etwas gebogen und auf das Ei geklebt. Danach beginnt der Aufbau des Motivs. Falls notwendig, können Sie sich eine Skizze machen, müssen aber dabei bedenken, daß das Ei aufgrund der Wölbung eine größere Fläche abgibt als das flache Papier.

Die einzelnen Stückchen (Blütenblätter und Blätter) müssen geschnitten, angefeuchtet und dann mit dem erwärmten Modellierinstrument auf dem Styroporplättchen geformt werden. Die einzelnen Blütenblättchen werden zusammengefügt, bis die Blüte fertig ist, dann kommt die nächste. Wenn alle Blumen aufgeklebt sind, werden die Blätter dazwischengesetzt.

Bei dieser Technik haben Sie jedes Teilchen, auch das kleinste, dreimal in der Hand: ausschneiden, formen, zusammensetzen. Meist geschieht dies mit Hilfe der Pinzette und oft auch unter einer Lupe.

Tip: Geformte Blätter, die stark abstehen, müssen auf der Rückseite zur Verstärkung gut mit Leim bestrichen werden. Auch ist darauf zu achten, daß zum Aufeinanderkleben genügend Leim verwendet wird, weil das Motiv sonst bei Berührung zusammenfallen könnte. Nach der Reinigung wird das ganze Ei mit Seidenglanzlack lackiert.

Bild-Collage

Zur Bestimmung von Größe und Form des Motivs wird zuerst eine Papierschablone gemacht und auf dem Ei ausprobiert. Anschließend den Umriß aufzeichnen. Nun muß geprüft werden, ob genügend geeignete Spanstreifen (Farben, Struktur) vorhanden sind. Für Bild-Collagen muß man immer auch ungefärbte, besonders dünne Spanstreifen zur Verfügung haben, damit nach Bedarf eingefärbt werden kann.

Begonnen wird oben (Himmel), und die großen Flächen werden zuerst aufgeklebt. Jedes zugeschnittene Stück (meist wird hier die Schere verwendet) muß leicht angefeuchtet werden, damit es nicht bricht, wenn es auf die Wölbung des Eis geklebt wird. Es kann auch notwendig sein, einen Schnitt (Spickel) anzubringen, damit der Span glatt auf dem Ei klebt. Ist der Hintergrund bereit, werden die Bäume, Häuser, Menschen, Tiere etc. mit dünnerem Span daraufgeklebt. Ist das Bild beendet, wird der überschüssige Leim entfernt und ein Rahmen darumgelegt (z. B. Zickzackband), und schließlich wird das ganze Ei mit Seidenglanzlack überzogen.

Tip: Nicht jeder Span ist in Struktur und Maserung gleich. Entsprechend nimmt er auch die Farbe unterschiedlich stark an. Diesem Umstand ist besonders bei dieser Technik Rechnung zu tragen. Er kann zur zusätzlichen Belebung und Ausdruckskraft des Bildes genutzt werden.

Holzspan-Collage ist eine sehr arbeitsintensive Eier-Dekorationstechnik, die viel Geduld erfordert, weil jedes kleinste Teilchen einzeln ausgeschnitten, geformt und geklebt werden muß. Der Zeitaufwand ist beträchtlich.

1. Beispiel, eine Margerite mit 12 bis 14 Blütenblättchen:
Zuerst muß ein rundes Plättchen mit der Lochschere ausgestanzt werden. Dieses wird mit dem Messer dem Faserverlauf nach in vier bis fünf Teile geschnitten. Bei jedem dieser Teilchen muß rechts und links ein Eckchen abgeschnitten werden, und dann erst ist es zum Aufkleben fertig.

2. Beispiel, ein Blatt:
Zur Herstellung eines ovalen Blattes muß zuerst ein rundes Plättchen ausgestanzt werden. Dann wird durch Verschieben auf der Lochschere links und rechts je eine Sichel weggeschnitten. Diese Abschnitte können aber auch wieder als feine Blättchen verwendet werden.

Erna Mattmüller

Die Autoren dieses Buches stellen ihre kunstvoll verzierten Eier auf verschiedenen Ostereiermärkten aus. Erika Würz, die das Vorwort schrieb, ist die Organisatorin des Basler Ostereiermarktes.

Die Deutsche Bibliothek – CIP-Einheitsaufnahme

Die schönsten Ostereier kunstvoll gestalten. – Freiburg im Breisgau: Christophorus-Verlag, 1992 (Hobby & Werken)
ISBN 3-419-53506-6

© 1992 Christophorus-Verlag GmbH
Freiburg im Breisgau

Styling und Fotos:
Ulrike Schneiders
Umschlaggestaltung:
Michael Wiesinger
Reproduktionen:
Scan-Studio Hofmann, Freiburg i. Br.
Herstellung: Konkordia Druck GmbH, Bühl 1992